Der Autor

Bernd Finger, Jahrgang 1972, ist am Oberrhein aufgewachsen und hat an der Universität Freiburg studiert und gearbeitet. Auslandsaufenthalte führten ihn an die *Université Libre de Bruxelles*, an die Deutsche Botschaft Budapest und an das Goethe-Institut Lyon. Er war als Lektor für Deutsch als Fremdsprache, Referent, Studiengangkoordinator, Institutsleiter und Ministerialbeamter tätig. Derzeit leitet er die Geschäftsstelle von Eucor – The European Campus, einem deutsch-französisch-schweizerischen Universitätsverbund.

Bisher sind von ihm bei BoD erschienen:

- „Der Geschmack und das Leben – Vom Essen und Trinken in der Heimat Europa" (2018)

- „Bleibe ohne Eile – Gedichte aus der Mitte" (2023)

- „Ich habe deine Kraft gespürt – Gedichte aus dem Dreisamtal" (2024)

Bernd Finger

Die Worte sind mit dir verbündet

Gedichte über die Sprache der Menschen

Umschlagbild: Bernd Finger

Bibliografische Information
der Deutschen Nationalbibliothek:
Die Deutsche Nationalbibliothek verzeichnet diese Publikation in der Deutschen Nationalbibliografie; detaillierte bibliografische Daten sind im Internet über
http://dnb.dnb.de abrufbar.

© 2025 Bernd Finger

Verlag: BoD · Books on Demand GmbH, In de Tarpen 42,
22848 Norderstedt, bod@bod.de
Druck: Libri Plureos GmbH, Friedensallee 273,
22763 Hamburg

ISBN: 978-3-7693-2353-5

Für die Zeit

Das Buch

Was ist die Sprache der Menschen? Sie geht weit über Wortschatz und Grammatik hinaus. Sie überwindet Sprachbarrieren und Zeitebenen. Menschen sprechen auf viele Weisen miteinander – in Gefühlen, in der Liebe, mit ihren Körpern, im Glauben, durch Gedanken und Erinnerungen. Sie verwenden unterschiedliche Zeichen, Techniken und Bilder. Mal ganz handfest, konkret und auch humorvoll. Mal rätselhaft und verschwommen. 72 Gedichte begeben sich auf die Suche nach den Varianten dieser Sprache, nach den Situationen, in denen sie entsteht – und nach dem Menschsein selbst.

Inhalt

Prolog

I. Sprache & Dichtung

II. Mann & Frau

III. Gesundheit & Krankheit

IV. Glaube & Hoffnung

V. Zeit & Vergänglichkeit

VI. Medien & Kommunikation

VII. Gefühle & Gedanken

Epilog

Prolog

***

Dank

Vielen Dank, kleines Gedicht!
Du ahnst nicht, welches Schwergewicht
du da eben von mir nahmst,

Als du im schlichten Versekleid
in meine üble Grübelzeit
hineingeschlendert kamst.

I. Sprache & Dichtung

***

Sprache unser

Sprache unser,
die du liegst auf der Zunge.

Geheiligt werden deine Namen.
Dein Klang komme.

Und die Stille vergehe,
wie geschrieben, so auch im Reden.

Unser tägliches Wort gib uns heute.

Und lehre uns jene Geduld,
die es braucht, um dir zu huldigen.

Und führe uns ein in die Dichtung,
die erlöset uns von dem Schnöden.

Denn du machst uns reich
mit Ausdruckskraft
und Verständlichkeit
– zu jeder Zeit.

Atmen.

Die Katze

Dichten heißt, die Sprache streicheln,
wie die Katze auf dem Schoß.
Manchmal hüpft sie fort, verfrüht.

Versucht man, ihrem Fell zu schmeicheln,
springt sie trotzdem plötzlich los.
Weil man sich zu sehr bemüht.

Die Worte

Die Worte bilden dir ein Dach.
Sie schützen dich vor Ungemach.
Sie lassen, wenn die Stürme wehen,
dein Leben nicht im Regen stehen.

Die Worte sind auf ihre Weise
deines Geistes Trank und Speise,
die um ihrer Tiefe willen
deinen Durst und Hunger stillen.

Die Worte sind auch deine Boten
– bereit, dein Wesen auszuloten,
die auf ihres Klanges Schwingen
dich zu andren Menschen bringen.

Die Worte sind mit dir verbündet.
Sie kleiden, was das Herz verkündet,
in ein passendes Gewand.

So gekleidet kannst du reisen.
Sie werden dir die Wege weisen
durch das weite Wörterland.

Das lyrische Ich

Bin ich das lyrische Ich?
Oder icht ich das lyrische Du?
Das lyrische Sie fühlt sich geert.
Das Es wird gesiet und hat sich beschwert:
Man nimmt es so selten dazu.

Auf dem Weg ins lyrische Sie
hab ich mich leider verihrt.
Und das Sie, seinerseits, ist sehr verwirt
und denkt sich: Hier war ich noch nie.

Lyrik ist seltsam, doch ich fass neuen Mut.
Denn zwischen dem Ich und dem Wir und dem Sie
wurde ich freundlich gedut.

Das Rätsel

Du sprichst in Rätseln – aber du sprichst.
In der Verkleidung des Gedichts.
Verkleidet, doch nicht unsichtbar.
Die Worte sind dein Tarnanzug.
Du hortest davon nie genug,
so rätselhaft und wunderbar.

Du sprichst in einem Zauberspruch
und brichst dabei den Schauderfluch,
der dir die Sprache oft verschlägt.
Du sprichst in schnellen Stoßgebeten
und hast die Welle losgetreten,
die sich auf alles Stumme legt.

Du sprichst dich durch ein Labyrinth,
in dem die Wände Laute sind,
durch die du ungehindert schwebst.
Du redest dich um Kopf und Kragen,
denn so kannst du die Zeit ertragen.
Du sprichst in Rätseln – aber du lebst.

Das Wunder der Schrift

Es steht geschrieben, schwarz auf weiß.
Und das war's auch schon.
Denn Sprache in der Form der Schrift
kennt keinen Zwischenton.

Schwarz oder weiß, du musst dich entscheiden.
Schrift oder Hintergrund.
(Farbige Buchstaben hat sonst nur
die „Kita Kunterbunt".)

Schwarz auf weiß, doch jetzt kommt der Trick:
Schillernde Welten entstehen,
wenn schwarz und weiß durch den lesenden Blick
in Worte übergehen.

Zweifelhafte Methoden

Ich nehme die Sprache in Rätselhaft
und lasse sie erst wieder gehn,
wenn – geständig ihrer Täterschaft –
gelungene Zeilen entstehn.

Ich nehme die Sprache ins Kreuzwortverhör,
bedränge sie mit Fragen.
Sie weicht – was mich besonders stört –
stets aus und bleibt im Vagen.

Ich nehme die Sprache in Plauscharrest,
egal, ob die Sonne scheint,
und warte so lang, bis sich sagen lässt,
ob sie Form und Inhalt vereint.

Und glaubt sie sich wieder auf freiem Fuß,
so lass ich sie doch beschatten,
weil ich als Betroffener wissen muss:
Betrügt sie ihren Gatten?

Halte inne

Halte inne.
Singe Minne.
Minnesang,
ferner Klang.
Halte inne
und gewinne
lebenslang.

Halte ein.
Singe Wein,
Weib und Gesang.
Sturm und Drang.
Halte ein.
Hier kommt dein
Sonnenuntergang.

Halte durch.
Macht auch Furcht
angst und bang.
Lös den Zwang.
Halte inne
und besinne:
Nichts ist von Belang.

Der Verfasser

Wenn ich etwas verfasse,
dann fasst es mich vorher an.
Was ich geschehen lasse,
damit ich's fassen kann.

Es fasst mich an im Stillen.
Im Dunklen, unerkannt,
erfass ich seinen Willen
und spüre seine Hand.

Bis es mich ganz umfassen
und ganz umgeben wird.
Dann werde ich gelassen.
Und kann beruhigt verfassen,
was es in mir souffliert.

Kurskorrektur

Auf meinem Weg
vom Hobby-Poet
zum Dichterfürstkometen
– werd ich mich wohl verspäten.

Denn Bug und Kiel
sind von dem Ziel
der höchsten Lyriksonnen
– beträchtlich abgekommen.

Und meinen Wunsch,
dass meine Kunst
die großen Massen lieben
– muss ich zunächst verschieben.

II. Mann & Frau

***

Bitte

Ich bitte, zu verstehen.
Mir kann sie nicht entgehen:
Die freundliche Exotik
der weiblichen Erotik.

Ich bitte, nicht zu schelten.
Die mir bekannten Welten
bevölkern viele Frauen.
Unmöglich, nicht zu schauen.

Ich bitte, mir zu glauben:
Ich werd in fremden Lauben
mich hüten zu erscheinen.
Mein Herz gehört der einen.

Ihre Hoheit

Als treuer Vasall ihrer Hoheit,
der Mandelaugenkaiserin,
kam es inzwischen so weit,
dass ich ihr höchster Diener bin.

Der Diener sind ja viele,
doch keiner darf je wissen:
Ich bin auch ihr Gespiele
und teile mit ihr das Kissen.

Die Zofen, die mich dulden,
entlohn ich mit Gedichten.
Stünd ich in ihren Schulden,
sie könnten mich vernichten.

Die Kaiserin wär machtlos,
wenn ich verraten bin.
Und doch geb ich mich achtlos
ihren Mandelaugen hin.

Der Morgen

Der Morgen ist ein sichrer Hafen,
denn ich habe gut geschlafen.
Jetzt heuer ich beim Tage an.
Ich dreh noch eine Hafenrunde
und seh: Der Kutter „Mittagsstunde"
sucht noch einen Steuermann.

Die Frau, die auf der Brücke steht,
frag ich, wohin die Reise geht
und ob sie Hilfe brauchen kann.
Sie sagt, es würde ihr heut reichen,
die Abendinseln zu erreichen
und schaut mich ziemlich skeptisch an.

Ich fange an zu fabulieren,
was ich so weiß vom Navigieren
und wie man Seemannsgarne macht.
Ich hoff, ihr kritisches Beäugen
kann ich am Ende überzeugen
und mit ihr fahrn bis in die Nacht.

Die Lotsen

Ich bin ihr Lotse,
sie meine Lotsin.
Weil wir einander
wieder ins Boot ziehn.

Wenn wir abdriften,
die Schiffe lecken,
ziehn wir einander
ins Hafenbecken.

Wir fahren langsam,
drosseln Motoren.
Haben uns nie
aus den Augen verloren.

Wir sehen Klippen,
beachten Gefahren.
Werden gemeinsam
ins Abendlicht fahren.

Das Lächeln

Das Lächeln hat nicht mir gegolten,
doch hat es mich nur knapp verfehlt.
Ein Teil davon hat unbescholten
den Weg in meinen Geist gewählt.

Ich hab ihn gerne aufgenommen,
den Querschläger der Freundlichkeit.
Und etwas hat mich überkommen
und ließ mich lächeln – lang und breit.

So lächelte ich, ungebeten,
obwohl das Lächeln mir nicht galt.
Des Lächelns Quelle schaut betreten
und verschwindet schnell im Wald.

Mein Lächeln hat sie wohl erschrocken,
die schöne, fremde Lächlerin.
So kann man sich schon mal verzocken,
gibt man sich den Gefühlen hin.

Das missverstandne Lächeln zu
erwidern ist missglückt.
Ich hatt nicht vor, mich anzubiedern.
Ich war einfach so entzückt.

Ganz einfach

Schön, dass du da bist!
Schön, dass es Tag ist.
Liebe und Licht.
Mehr brauch ich nicht.

Ich bin jetzt hier.
Gehöre nur dir.
Nur du und ich.
Mehr braucht es nicht.

Die kleine Katze
reicht uns die Tatze.
Erklärt mit Miau
uns zu Mann und Frau.
Im Sonnenlicht.
Mehr braucht sie nicht.

Come!

Come, lead me mildly to the beat.
Then, sweep me wildly off my feet!

Come, coin the measures we will take
to join the pleasures we don't fake!

Come, show the symptoms of delight,
when our kingdom comes in sight!

Come, be my lady of the dance,
until we maybe take the chance

To come together – and the sound
will swing our feathers homeward bound.

Come, lead me mildly to the beat
and sweep we wildly off my feet!

Überraschung

Als die Haare ganz verstrubbelt
und der Pulli angerubbelt,
die Visage unrasiert
und das Halstuch schlecht platziert.

Als mir – kurzum – alles fehlte,
was zum guten Aussehn zählte,
sagte sie mir ins Gesicht:
„Hotzenplotz, ich liebe dich!"

Der Trick

Immer dieser gleiche Trick:
Sie schickt mir ihren weichen Blick
und ich schick ihr den meinen.

Wurde vorher rumgezickt,
so sind wir nach dem Blicketrick
gleich wieder im Reinen.

Rücken an Rücken

Mein Rücken spürt dich.
Dein Rücken berührt mich
bis in mein Spüren hinein.
Rücken an Rücken
die Nacht überbrücken.
Beglückendes Beisammensein.

Ich möchte schlafen.
Ich möchte wachen.
Schlafen, weil ich so ruhig bin.
Wachen, weil seit
unsre Rücken sich trafen,
spürt es mich zu dir hin.

Ich höre die Schwere
in deinem Atem.
Ich spüre das Zucken
in deiner Hand.
Du schläfst, wenn ich wache,
und wachst, wenn ich schlafe.
So hangeln wir beide,
Rücken an Rücken,
ins Morgenland.

III. Gesundheit & Krankheit

***

Der Virus

Ich sagte zu meinem Virus:
„I can kill you and you know it!"
Da antwortete der Virus:
„If you're so sure of yourself, then show it."

(Ich weiß nicht, warum wir englisch sprachen.
Scheint man in der Virologie so zu machen.)

Ich hab mich im Schlafzimmer eingesperrt
und nächtelang an dem Virus gezerrt.

Er hat sich in mir festgebissen
und ich hab an seinen Haaren gerissen.

Und als ich ihn endlich draußen hatte,
haut er ab, die alte Ratte.

Ist mir einfach durch die Hände gewitscht.
The mother-fucking son of a bitch!

Die Schwäche

Etwas schwächt mich.
Etwas rächt sich.
Doch ich kann nicht finden
den Grund und die Sache,
welche die Rache
an mir begründen.

Wenn ich wüsste,
was ich müsste
tun, um zu ersuchen,
mir zu vergeben
und mein Leben
nicht zu verfluchen.

Etwas schwächt mich.
Deshalb ächz ich
unter der Last.
Was sich auch rächte,
ich brauche echte
längere Rast.

Immunreaktion

„Wie weit bist du, Immunsystem?
Wann bin ich wieder fit?
Die Aufgaben, die Schlange stehn,
verlangen neuen Sprit!"

Entgegnet das Immunsystem:
„Es hilft nicht, zu verkrampfen.
Man kann – das müsstest du verstehn –
nichts aus dem Boden stampfen."

„Du hast gut reden, weiser Geist,
der tief im Körper schlummert.
Du siehst nicht, wie die Pflicht mich beißt;
den Druck, der in mir wummert."

„Du armer alter kranker Mann!
Hast selber gute Reden.
Du weißt doch: Wer's nicht lassen kann,
bekommt bleibende Schäden."

Es wird auch dieses Mal so gehn,
dass ich mich unterwerfe.
Nur stört mich am Immunsystem
sein altkluges Generve.

Der leere Tag

Dies war der leerste Tag meines Lebens.
Leer gefegt wie ein windiger Platz.
Leer wie der Bach in dem Jahr ohne Regen.
Leer wie die Truhe – gestohlen der Schatz.

Leer getrunken wie das Weinglas am Abend.
Leer geweint wie das Auge in Not.
Leer wie Versprechen, die Mächtige gaben.
Leer wie dem glücklosen Fischer sein Boot.

Leer wie das Herz im Moment der Verzagens.
Sternenleer wie die wolkige Nacht.
Und doch hat der leerste von all meinen Tagen
die Fülle des Lebens sichtbar gemacht.

Die Kraft

Wo hat sich die Kraft seit Wochen verborgen?
Wie hat sie meinen Blick gescheut?
Und was hat sie dann doch gereut,
dass sie zurückkam, heute Morgen?

Seit Wochen harre ich geduldig
und sie kommt einfach durch die Tür.
Sie legt sich ohne Wort zu mir
und fühlt sich keines Übels schuldig.

Sie weiß, ich mach ihr keine Szenen.
Bin viel zu froh, dass sie zurück,
und werd – zu unser beider Glück –
ihr langes Fort-sein nicht erwähnen.

Und doch macht mir der Vorfall Sorgen.
Ich geb mir Mühe, dass sie bleibt.
Ich schaue, dass sie nichts vertreibt
– und ob sie da ist, jeden Morgen.

Post-Corona-Rausch

Zu lange eingekesselt.
Gelüste sind entfesselt.
Wer will sich noch fügen?
Wir stürzen ins Vergnügen!

Verfechter alles Keuschen
werden wir enttäuschen.
Gestern noch moralisch,
heute animalisch.

Das Gasthaus „Zur Versuchung"
meldet Überbuchung.
Der Lieferdienst der Sünden
möchte Filialen gründen.

Abhanden kommen musste
die Rücksicht auf Verluste.
Die zügellose Phase
endet in Extase…

Verpasst hab ich das Treiben.
War daheim am Schreiben.

Nerven

Können Worte Nerven heilen?
Worte, die mit Sinn und Klang
an dem wunden Punkt verweilen,
wo sie braucht der Nervenstrang?

Welche Worte sind geeignet
für die blanke Nervenbahn?
Wodurch wird es ausgezeichnet,
das Wort, das Nerven heilen kann?

Ist vielleicht ein jedes denkbar?
Jede Sprache, jedes Wort
ist durch leises Sprechen lenkbar
hin zum kranken Nervenort.

Worte können Nerven heilen.
Es ist grade schon passiert.
Heimlich haben diese Zeilen
meine Nerven durchmassiert.

Die Vollbremsung

Dein Geist fährt schnell. Die ganze Zeit.
Fast immer Höchstgeschwindigkeit.

Das Lenkrad bebt. Der Fahrer schwitzt.
Der Motor – längst schon überhitzt.

Die Straße eng. Die Kurven scharf.
Dein Geist fährt schneller, als er darf.

Doch plötzlich bremst dein Geist abrupt.
Der Reifen quietscht. Der Fahrer hupt.

Das Auto rutscht und schlittert, bis
es endlich steht vorm Hindernis.

Und du erkennst, warum du hältst:
Dort steht ein Esel – wie du selbst.

Deine Hand

Spüre hinein in deine Hand.
Obwohl die Lasten schon verblassen,
ist sie immer noch verspannt.
Erlaube ihr, jetzt loszulassen.

Erlaube ihr, nichts mehr zu greifen,
nichts zu erreichen und zu tun.
Befreie die noch immer steifen
Finger, denn sie wollen ruhn.

Langsam lösen sich die Glieder
von der Faust ins Handgelenk.
Und das Leben hat dir wieder
eine freie Hand geschenkt.

Die Atmung

Ich tanze Stehblues mit der Atmung.
Ich habe ihre Hand berührt.
Mein Herz, das pocht voller Erwartung,
weil es schon ihre Nähe spürt.

Sie hat mich freundlich angesehen.
Nicht überschwänglich, aber nett.
Und ihre Haltung ließ verstehen:
Wir beide sind jetzt ein Duett.

Wir haben gleich den Takt gefunden
und uns eng an uns angeschmiegt
– und so die Grenze überwunden,
die manches Mal zwischen uns liegt.

Ich tanze Slow mit meiner Lunge,
als gäbe es nur sie und mich.
Und schwofend liegt mir auf der Zunge:
„Atmung, du, ich liebe dich!"

IV. Glaube & Hoffnung

***

Gebicht

Herr!

Mach, dass bald die Tage kommen,
da sich löst, was in mir quer liegt.

Dass ich die Stunden nicht verpasse,
wenn sich hebt, was in mir schwer wiegt.

Mach, dass ich die Menschen suche,
die ich brauche, die mich brauchen.

Gib, dass wir die kurzen Tage
in die hellen Farben tauchen.

Lass die guten Dinge in mir
durch die engen Stäbe dringen.

Und setze meinen Fuß auf Wege,
wo das Leben kann gelingen.

Gott

Gott muss nicht existieren,
damit es ihn gibt.

Er befindet sich jenseits
der Frage nach seiner Wirklichkeit.

Er entzieht sich Beweisen
beider Seiten.

Von dort wird er kommen.

Oder auch nicht.

Das Schicksal

Ich kann das Schicksal nicht bestimmen.
Ob es zuschlägt, weiß ich nicht.
Ich weiß nicht, wo noch Lunten glimmen
und ob der Skorpion mich sticht.

Wenn es kommt, muss ich's ertragen.
Ich kann nur auf mein Glück vertraun,
auf mein Geschick, mich durchzufragen
und darauf, keinen Mist zu baun.

Darauf, dass Menschen mir gewogen
und jemand mich in Pflege nimmt.
Dass ich nicht von mir selbst belogen
werde und mein Kompass stimmt.

Oh Gott, ich würd dir auch vertrauen.
Ich bin zu klein, um zu verstehn,
wie Götter Menschenleben bauen;
wann sie an welchen Schrauben drehn.

Und bist du doch mit deinen Fingern
in meinem Leben involviert,
so mach, dass wenn die Räder schlingern,
mir und den Meinen nichts passiert.

Wenn ich es kann, will ich es schaffen
und andren eine Stütze sein,
wo ihre Schicksalswunden klaffen.
Dann sind wir alle nicht allein.

Warum ist Gott nicht ausgebrannt?

Warum ist Gott nicht ausgebrannt,
als er die Welt erschuf?

Es wäre niemand überrascht,
wenn ihn das überfordert.

1. Er hat sich die Arbeit eingeteilt
in sieben gleiche Stücke.

2. Er hat den Ablauf gut geplant,
denn eins fußt auf dem Andren.

3. Er hat rechtzeitig aufgehört,
wenn das Tagewerk vollbracht.

4. Er hat sein Schaffen kommentiert
und alles gut erläutert.

5. Er hat Verantwortung vergeben
und Aufgaben verteilt.

6. Er hat jedes Teil gewürdigt
und es für gut befunden.

7. Und er hat seinen Ruhetag
zum Heiligtum erklärt.

Ein Lehrstück für die Ewigkeit.
Schöpfung – ohne Erschöpfung.

Das Geschenk

Du hast mir wieder die Kraft geschenkt.
Zumindest jetzt, zumindest heute.
Du hast meinen Gang in den Sprung gelenkt
und unter die Leute.

Du hast sie auf weiten Raum gestellt,
meine Füße und mein Wesen.
Du hast mich nicht um den Traum geprellt
vom Genesen.

Du hast mich mir selbst zum Geschenk gemacht
und führtest mich ins Freie.
Du gabst mir in dieser Mittsommernacht,
dass ich verzeihe.

Wie kann?

Wie kann ich mein Herz enthärten,
wenn es zu versteifen droht?
Wie kann ich die Dinge bewerten,
um nicht zu verbittern ohne Not?

Um nicht zu erzittern vor dem Tod,
wie kann ich mich verhalten?
Wie finde ich Kraft für dein Gebot?
Wie helfe ich den Alten?

Schenk mir den Blick ins weite Land,
wo meine Augen ruhn.
Mach mir geschmeidig Herz und Hand.
Dann kann ich meine Pflichten tun.

Drei Engel

Herr, ich brauche drei Engel von dir.
Ich weiß, das ist viel verlangt.
Doch siehe, wie meine Seele bangt
und schick deine Engel zu mir.

Schick mir den Engel, der schützt und bewacht.
Lass ihn bei meiner Mutter sein.
Die alte Frau ist oft allein.
Schütze sie und gib auf sie acht.

Schick mir den Engel der Lebenskraft.
Lass sie sich mit mir verbinden
und die Quelle in mir finden,
die den nächsten Tag erschafft.

Schick mir den Engel mit hohem Mut.
Lass ihn meinen Geist erhellen
und mich auf den Felsen stellen,
wo die Sicht ist klar und gut.

Herr, die Engel meines Hirten
sind mir jederzeit willkommen.
Ich hab alles unternommen,
um sie köstlich zu bewirten.

Die Hand

Ich spür eine Hand auf meiner Schulter.
Eigentlich war sie immer schon da.
Doch unbekannt ist ihr Besitzer.
Ich weiß nur: Die Hand ist echt und wahr.

Ich spür sie besonders, wenn mich bedrängen
die Sorgen und Nöte unserer Zeit,
die Lasten und Pflichten, die mich beengen,
die Angst und die Verlassenheit.

Dann sagt sie zu mir, sanft auf mir liegend:
„Du bist nicht der Erste, der das so spürt.
Du bist nicht der Letzte, der dennoch obsiegen
und eine Lösung finden wird."

Sie bietet mir Schutz auf meinen Wegen.
Sie wärmt meine Seele und hilft mir voran.
Wenn ich schwanke, hält sie dagegen.
Wenn ich lahme, schiebt sie mich an.

Manchmal versuch ich, die Hand zu erreichen,
doch meine Hand geht ins Leere dann.
Sie sagt: „Man muss mich nicht begreifen,
damit man mich spüren kann."

Und wenn ich es schaffe, die Lecke zu stopfen
und den Hafen erreiche in stürmischer Nacht,
so frag ich sie leise: „Kannst du mal klopfen?"
Dann tut sie das und sagt: „Gut gemacht!"

Das Gute

Das Gute kann siegen.
Das Gute kann siegen.
Und nochmal:
Das Gute kann siegen.

Wir dürfen nicht der Verzweiflung erliegen.
Denn das Gute kann siegen.
Es hat schon gesiegt:
Dort, wo das Tal der Versöhnung liegt.

Dort, wo die Wahl auf Vertrauen fällt,
mitten in der zerrissenen Welt.
Wo etwas wie Barmherzigkeit
sich leise zwischen die Menschen reiht.

Das Gute kann siegen – immer aufs Neu.
Das Gute bleibt den Menschen treu.
Auch wenn es unerreichbar scheint.
Das Gute kann siegen – doch nur vereint.

Ruhe

Ich hab mich heute ausgeruht.
Ich hab nach langen Wegen

Die Wanderstiefel ausgeschuht,
um mich dann hinzulegen.

Und niemand hat mich ausgebuht,
denn niemand war zugegen.

Nur einer gab mir neuen Mut
und spendete den Segen.

V. Zeit & Vergänglichkeit

***

Die Zeit

Es gibt Tage, die mich umnachten.
Verschlossene Stunden, die offen stehn.
Es gibt leere Wochen, die mich überfrachten,
und Jahre, die niemals vergehn.

Es gibt einen Sturm windstiller Minuten.
Die gelobten Jahrzehnte werden verflucht.
Vertrocknete Monde, die mich überfluten
und ein Leben, das Sekunden sucht.

Der Chronist

Ich bin der Chronist der Vergangenheit.
Doch eigentlich bin ich nicht bereit,
die Dinge vergehen zu lassen.
Ich hänge an einer goldenen Zeit
und drohe vor lauter Vergangenheit
die Zukunft zu verpassen.

Ich hänge wie zwei reife Kirschen,
um die sich alte Bilder pirschen,
und die stets zu fallen drohn.
Ich hänge wie ein Felsüberhang
über meinem persönlichen Weltuntergang.
Und der Abgrund wartet schon.

Ich hänge zwischen vergilbten Briefen,
die Jahrzehnte in Kisten schliefen,
und deren Stimme nun erwacht.
Ich bin der Chronist, der hängen bleibt,
und hastig die goldene Zeit beschreibt.
Doch draußen senkt sich schon die Nacht.

Ich bin der Chronist mit dem schweren Gemüt,
aus einem Hause von schlichtem Geblüt,
das mir als höchster Adel scheint.
Ich hänge und schreibe die Chronik fort
und warte bis sich Zeit und Ort
in meinem Inneren vereint.

Die Kraft der Erinnerung

Als meine Oma
mir das Leben rettete,
war sie schon zwanzig Jahre tot.

Sie schickte Gedanken,
die schützen und mahnen.

Ich wusste: Was sie zu Lebzeiten gab,
hat in mir Bestand und kann wirken.

Wenn Gutes vorbei ist, bleibt es real.

Und was fort ist, ist nicht weg.

Midlife-Crisis Wiegenlied

Maikäfer, flieg!
Die Zeit hat dich besiegt.
Die Träume sind im Jugendland.
Jugendland ist abgebrannt.
Maikäfer, flieg!

Schlaf, Alter, schlaf!
Du warst nicht immer brav.
Und doch bist du ein Ehrenmann,
der sich erfolgreich wehren kann,
wenn er will, was er nicht darf.
Schlaf, Alter, schlaf!

Maikäfer, bleib!
Dein ausgebrannter Leib
wünscht sich noch einen Wonnenmai,
egal, wie lächerlich das sei.
Maikäfer, bleib!

Maikäfer mein.
Bitter ist der Mondenschein.
Süßer die Vergänglichkeit.
Ich glaub, ich wär jetzt dann so weit.
Maikäfer mein.

Lebensführung

Was heißt denn Lebensführung?
Bin ich es, der mein Leben führt?
Der seit der frühesten Berührung
das Steuer in den Händen spürt?

Oder steuert mich mein Leben
und führt mich still auf meinem Weg?
Die Windungen, die sich ergeben,
hat es schon vorher festgelegt.

Ich glaub, wir sitzen meist vereint
im Cockpit oder Führerstand.
Wenn einer nur zu lenken scheint,
führt doch der andre seine Hand.

Die Nostalgie

Ich hab die Nostalgie getroffen.
An einer Kreuzung meiner Seele
bin ich ihr in den Arm gerannt.
Erst konnt ich noch zu fliehen hoffen,
doch ehe ich den Fluchtweg wähle,
hat sie mich eiskalt übermannt.

Sie nahm mir meine Selbstkontrolle,
hat ihren Willen aufgezwungen
und raubte mir fast den Verstand.
Dann gab sie mir die übervolle
Kiste mit Erinnerungen
in die willenlose Hand.

Jetzt sitze ich auf ihrem Rücksitz
und wühle durch die Augenblicke,
die ich in ihrer Truhe fand.
Ich bin verloren und auch glücklich,
denn nun lenkt sie meine Geschicke
durch ihr riesenhaftes Land.

Mama

Mama, pass gut auf dich auf!
Dein Fluss fließt schon im Unterlauf
und nähert sich der Mündung.
Dein Flussbett ist dir nur geliehen.
Das Lebensland wird weiterziehen
und gibt keine Begründung.

Mama, schau dich um an Land.
Die Gegend ist dir unbekannt.
Die Wiesen fließen flach und weit.
Die Quellen und die Stromesschnellen,
die Städte, Berge, Badestellen
gehören zur Vergangenheit.

Mama, fürchte nicht die Wellen,
die sich dir entgegenstellen.
Sie umarmen dich nur leicht.
Du siehst das Land nur noch verschwommen
und wirst vom Meere aufgenommen
in einen friedlichen Bereich.

Schließe Frieden

Schließe Frieden.
Schließ den Kreis.
Schließ nicht aus, dass du nicht weißt,
warum dies und jenes ist.

Schließe Frieden
mit dem Leben.
Schließ nicht aus, dich zu ergeben
in das große Ungewiss.

Schließe Frieden
mit der Grenze.
Mit der nie erfüllten Gänze
deiner Zeit und deiner Kraft.

Schließe Frieden
mit dem Ende.
Schließe auf zur letzten Wende.
Selig ist, wer Frieden schafft.

Noch da

Ich bin noch da. Bin noch am Leben.
Der Teufel hat mich aufgegeben.
Er humpelt fort, gekränkt, verwirrt.
Das ist ihm selten so passiert.

Ich bin noch da. Bin unbezwungen
und von der Schippe ihm gesprungen.
Zurück ins Leben, in die Welt.
Ich bin noch da. Der Faden hält.

Ich bin noch da, nach all den Zeiten.
Erinnerungen, die entgleiten,
halt ich mit beiden Händen fest.
Ich bin noch da. Ich bin der Rest
von einer Ära, die verschwimmt.
Ich bin noch da. Mein Kompass stimmt.

Ich bin noch da, mit viel Gepäck.
Ich geb nichts fort und werf nichts weg
von meinem unsichtbaren Schatz.
Ich bin noch da, mit meinen Bildern.
Ich leb in Gärten, die verwildern,
und alles sagt ein kurzer Satz:
„Ich bin noch da."
Hier ist mein Platz.

Mein Weg

Einmal geht mein Weg zu Ende.
Drum wär's gut, wenn ich ihn fände:
Den Weg, der für mich richtig ist.

Denn du willst nach all den Jahren
am Wegesende kaum erfahren,
dass du falsch gelaufen bist.

Doch, wohin der Weg auch mündet
– Sorgen sind wohl unbegründet,
denn, wenn ich's mir überleg:

All mein Gehen, Laufen, Rennen
– wer will's falsch und richtig nennen?
Es war immer noch mein Weg.

VI. Medien & Kommunikation

***

Die Zahnpasta

Wer wär nicht gern wie Zahnpasta
aus der Fernsehwerbung?
So makellos und schön gestreift
und leicht nach oben gedreht.

Doch wenn ich auf die Tube drücke,
was sehe ich dann da?
Ein schlecht platzierter und verschmierter
Klecks entsteht.

Doch dies zerquetschte Konvolut,
so möchte ich vermuten,
schützt am Ende genauso gut
vor Karies und Zahnfleischbluten.

Dokus

Manchmal will ich mein Leben schwänzen.
Und nicht hingehn nach dem Klingeln.
Stattdessen mich davonscharwenzeln
und durch ein andres Leben tingeln.

Deshalb schau ich gerne Dokus
und lass mir andre Leben zeigen,
die sich um einen andren Fokus
drehn und anderswohin neigen.

Für die Dauer einer Sendung
kann ich einen Leuchtturm mieten,
Häuser baun durch Müllverwendung,
Frösche zähln in Feuchtgebieten.

Ich werde Hochland-Ökobauer,
Goldschmied und Naturpark-Ranger,
bin Wildtierfotograf auf Lauer
und schreib ans Haifischbecken: Danger!

Ich entschlüssle Hieroglyphen,
repariere Klostermauern,
stürz am Seil in Schluchtentiefen
– so lang, wie meine Dokus dauern.

Fein gewürzt mit Tagesträumen
schmeckt mir auch mein altes Leben.
Ich wandre zwischen beiden Räumen.
Wer beides hat, liegt nicht daneben.

Das Leben in der Printversion

Wer Nachrichten lesen wollte,
musste erst die Marmeladengläser wegschieben.

Der Stadtplan war so groß,
dass man ihn als Segel vor sich aufspannen
konnte.

Die Kinotickets wurden aufbewahrt
wie Aktien des guten Lebens.

Ich habe die Nummer der Liebsten
im Telefonbuch berührt.

Und jetzt nehmen sie uns auch noch
die Speisekarten.

Der Kaffee

Wir trinken gemeinsam einen Kaffee.
Und trinken dabei einander.
Wir nehmen uns wahr und nehmen uns auf,
bis unsre Seelen wandern.

Wir trinken gelassen, im Plauderton,
als wär nichts groß dabei.
Doch nach wenigen Schlücken spürt man schon
eine tiefere Zauberei.

Die Tasse Kaffee ist ein Medium,
das ich nicht wirklich versteh.
Doch mit Sicherheit trinken wir eben drum
gerne gemeinsam Kaffee.

Der Vertreter

„Dieser Sauger saugt besser Staub,
als es die Polizei erlaubt.

Der Staub, der sich zusammenklaubt,
wird seiner Existenz beraubt.

Drum neige jeder, mit Verlaub,
vor diesem Sauger hier sein Haupt!"

– „Das klingt zwar etwas hochgeschraubt,
mein Herr, doch selig wird, wer's glaubt…"

Identität(en)

Ein seltsamer Auftrag, den der Computer mir gab:
„Verwalten Sie Ihre Identitäten!"
– Mir war weder bewusst, dass ich mehrere hab,
noch dass ich drohte, mich zu verspäten

Beim Verwalten derselben;
      was auch immer das heißt.
Ich rang kurz mit der Fassung.
Mir war, als ob der PC mich bescheißt.
Ich klage auf Unterlassung

Von solcherlei technokratischem Mist!
Das gibt's nichts zu verwalten.
Wenn der Rechner behauptet,
      er weiß, wer du bist,
erwäge, ihn abzuschalten!

Kopf hoch!

Löse deinen starren Blick
von dem Display, das dich bindet.
Halte aufrecht das Genick
und schaue, dass das Auge findet,
was ihm nur die Wirklichkeit
und kein Algorithmus zeigt.

Lass sie sinken, deine Hand
mit dem Handy. Leg's beiseite!
Und entdecke dieses Land
jenseits einer Bildschirmbreite.
Hier kannst du zu sehen wagen,
was dir niemand vorgeschlagen.

„Kopf hoch!" – heißt jetzt die Devise,
die dem Blick die Schwere nahm.
Und du spürst die Lebensbrise,
die dein Herz nicht mehr vernahm.
Denn du hast es dir erlaubt:
Leben mit erhobnem Haupt!

Der Offline-Tag

Ich bin heute nicht erreichbar.
Ich bin heute nicht vergleichbar,
denn ich folge heute keinem
und auch niemand folgt heut meinen
zwei Profilaktivitäten
auf mobilen Endgeräten.

Ich bin heute nicht auf Sendung.
Die gesteuerte Verwendung
meiner Daten geht ins Leere,
denn ich gebe mir die Ehre
heute nicht dabei zu sein
beim Gottesdienst im Online-Schrein.

Ich hör heute keine Töne,
die mir melden, welch obszöne,
wilde Dinge ich verpasse,
weil ich sie links liegen lasse.

Ich geh heute meiner Wege,
die Gedanken, die ich pflege,
werden nicht gleich hinterfragt
mit allem, was das Netz so sagt.

Morgen habt ihr mich ja wieder.
Doch heut bin ich mir zu bieder,
zu betagt und zu bequem,
um mir alles anzusehn,
was die Wahrnehmung besetzt.

Heut bin ich offline, unvernetzt!

...

Doch wenn jeder das so täte,
was ich vehement vertrete.
Gott, der wirtschaftliche Schaden
ginge gleich in die Milliarden.
China zieht schon längst vorbei
mit der Daten-Nutzerei.

Drum komm ich zurückgekrochen,
hab digitales Blut gerochen
und stürz mich wieder schnell ins Netz,
eh mich das Internet verpetzt
als Wenig-Datenproduzierer,
Offline-Loser und -Verlierer.

Die Segnung des Güllewagens

Ein junger Mann steht auf dem Feld,
sein Tablet fest in Händen,
das er bedacht nach oben hält.
Er geht zu beiden Enden

Des Güllewagens und umrundet
ihn von allen Seiten.
Der Scanner im Gerät erkundet
des Wagens Eigenheiten.

Es gleicht fast einer Prozession,
wie konzentriert er schreitet,
damit der große Datenstrom
nicht Störungen erleidet.

Der digitale Bilderquell
kommt später erst zum Tragen:
Dann wir er ein 3-D-Modell
von einem Güllewagen.

Der alte Bauer nebenan
hat ihn dabei gesehen
und denkt sich irritiert: „Man kann
nicht jedermann verstehen."

Zwei Tische

Der eine steht in der Mensa.
Darauf ein Schild:
„Meet & Eat. Wer hier sitzt,
redet gerne mit anderen."

Der andere steht im Kloster.
Darauf ein Schild:
„Schweigetisch. Hier wird nicht geredet."

Ich habe mich an keinen von beiden gesetzt.

VII. Gefühle & Gedanken

***

Die Wut

Die Wut ist groß.
Wie werd ich sie los?
Wie kann ich sie in Mut verwandeln?
Wie kann ich ihr Blitzen
irgendwie nützen
und mich und andre gut behandeln?

Auch wenn die Wut
mir oft weh tut,
ich verurteile sie nicht.
Denn ihre Spitzen
wollen mich schützen.
Sie ist ich selbst, der zu mir spricht.

Ich kann sie hören.
Sie kann zerstören.
Wie halte ich das Gleichgewicht?
Sie blendet mich.
Ich weiche nicht
und blinzle in ihr Gegenlicht.

Der Moment

Plötzlich bin ich ruhig geworden.
Ich kann nicht sagen, was es war.
Das Trampeln der Gedankenhorden
entfernte sich ganz sonderbar.

Ich erreichte jenes Dösen,
das sich nicht sehr oft ergibt,
wenn Knoten sich von selber lösen
und man das leise Leben liebt.

Ich sah die Abendsonne scheinen
auf eine goldne Häuserwand.
Ich sah das Relief der Meinen
und hielt ganz ruhig ihre Hand.

Der Traum

Ich habe ihn neulich stöbern sehn,
im Keller meines Lebens.
Ich mahnte ihn vergebens.
Er fing an, alles umzudrehn.

Er wühlte durch die Kisten,
die ich so gern verschließe.
Es schien, dass er's genieße,
und fertigte sich Listen:

Mit peinlichen Gedanken,
mit streng zensierten Bildern.
Es reizte ihn zu wildern,
vorbei an allen Schranken.

Und stieg er nächtens auf die Bühnen,
saß ich allein im dunklen Saal
und sah mit Freude und mit Qual
den wilden Tanz des großen Hünen.

Denn wirklich, eins muss ich ihm lassen:
Den hellen Wahnwitz, den er zeigte,
der stets absurder sich verzweigte,
wollt ich um keinen Preis verpassen.

Wie weiter

Ich weiß nicht weiter. Doch ich habe ein Dach
über dem Kopf und ein warmes Gemach.
Ich kann hier sicher liegen.
Das ist nicht wenig. Das ist schon gut.
Ich weiß nicht weiter, doch neuer Mut
kommt empor gestiegen.

Ich weiß nicht weiter, doch ich habe ein Herz
mir gefasst und himmelwärts
meinen Blick gerichtet.
Das ist nicht wenig. Das ist ein Schritt.
Ich weiß nicht weiter, doch ich fasse Tritt
und hab den Stern gesichtet.

Ich weiß nicht weiter, doch ich habe schon
viel erlebt und reichen Lohn
in dieser Welt erhalten.
Das ist nicht wenig. Das ist eine Pflicht.
Ich weiß nicht weiter, doch ich werde nicht
einfach so erkalten.

Das Leichte

Kannst du mir nochmal das Leichte zeigen?
Das Leichte im Gang, wie wir liefen als Kind?
Die Leichtigkeit eines Vogelreigens
und den wunderbar leichten Wind?

Kannst du mir etwas Leichtes geben
in meinen leicht gebremsten Schritt?
Zeig mir den Weg in das leichte Leben
und nimm mich dorthin mit.

Es ist ja April und an allen Zweigen
zeigt sich das leichte Blätterkleid.
Kannst du mir nochmal das Leichte zeigen
in dieser leicht gebremsten Zeit?

Achtsam

Es ist wichtig, zu beachten,
wie im Bett die linke Sohle
hin zur rechten Wade drängt.

Es ist wichtig, zu beachten,
wie der Teebeutel dem Wasser
langsam seine Schwaden schenkt.

Es ist wichtig, zu beachten,
wie die tiefe Nebelwolke
still den Bergesrücken streift.

Es ist wichtig, zu beachten,
wie der humpelnde Gedanke
nach den Wörterkrücken greift.

Und es ist nicht zu verachten,
was im achtsamen Betrachten
an der Seelenpflanze reift.

Frust

Ausgebrannt und aufgewühlt.
Missverstanden. Mitgefühl?
Fehlanzeige. Angekratzt.
Abgenutzt und traumgeplatzt.

Angemacht und isoliert.
Hochbetagtes Arbeitstier.
Freudestrahlen? Eingemottet.
Graue Tage durchgetrottet.

Unbeliebt und ungehalten
zwischen fremden Nichtgestalten.
Durchgekaut und ausgekotzt.
Dunkle Zeilen hingerotzt.

Leergeweint und stummgeschrien.
Unzulänglich, unverziehen.
Kleingeschrumpfter Größenwahn.
– Überdosis Baldrian.

Die Amnestie

Ich hab mich heute selbst begnadigt.
In einem Akt der Menschlichkeit
hab ich, was krumm in mir, begradigt
und mich dann aus der Haft befreit.

Ich bin bereit, mir zu verzeihen,
was in mir nicht der Norm entspricht.
Ich bin dabei, mich auszureihen
aus der Erfolgs- und Leistungspflicht.

Und meine Schwächen sind vergeben,
meine Verfehlungen geschenkt.
Der Richter in mir hat soeben
das Strafmaß deutlich abgesenkt.

Und er gestattet auf Kaution,
dass ich mich vorzeitig entlasse.
Jetzt gehe ich, der Haft entflohn,
gleich bei mir selbst in Revision
für einen Freispruch 1. Klasse!

In Bewegung

Du bist geborgen in Bewegung.
Du deckst dich zu mit einem Tanz.
Du findest Trost in jeder Regung
und drehst und wippst dich wieder ganz.

Und jedes Lied ist wie ein Schild,
das du vor deine Wunden hebst.
Und die Musik bewegt ein Bild,
das zeigt, wie du die Stunden lebst.

Du bist geborgen in der Schwingung,
die in dir ihre Kreise zieht.
Du tanzt die Aufnahmebedingung
zum Eintritt in ein Glücksgebiet.

Wenn du die Arme schwingst und schreitest,
entsteht um dich ein Zauberkreis,
der in Bewegung dich begleitet
und wo du dich geborgen weißt.

Trost

Da draußen singt der Vogel Trost.
Ich glaub, sein Lied behandelt,
wie er die Dämmerung liebkost
und sich mit ihr verwandelt.

Die Dämmerung, die kaum erscheint,
um wieder zu verschwinden.
Sie ist mit ihm im Lied vereint,
um darin Trost zu finden.

Drum singt der Vogel, inniglich,
mit weiten Dämmerrufen.
Sein Trost begleitet so auch mich
hinab die Abendstufen.

Epilog

***

Andre

Andre flüchten um ihr Leben.
Und ich flüchte in Gedichte.
Lass von Versen mich erheben,
weit entfernt vom Weltenbeben.
Andren geht die Welt zunichte.

Andre leiden unermesslich.
Meine kleinen Leiden press ich
zwischen Reime, zwischen Zeilen,
die die kleinen Schmerzen heilen
und der andren Schmerz vergess ich.

Andre müssen himmelschreiend
Ungerechtigkeiten dulden.
Meine Wörterspielereien
können sie doch nicht befreien.
Tief steh ich in ihren Schulden.

Verzeichnis der Gedichtanfänge